SOCIÉTÉ CIVILE DES PROPRIÉTAIRES DU THÉATRE DU GYMNASE DRAMATIQUE

Administration et Régie, rue de Choiseul, 14, à Paris.

BAIL

A M. LEMOINE-MONTIGNY

(21 MAI 1867)

Pour huit ans, dix mois et vingt-six jours, du 4 juin 1869 au 30 avril 1878.

RAPPORT

DE LA

COMMISSION SPÉCIALE CHARGÉE DU RENOUVELLEMENT DU BAIL

A l'Assemblée générale du 3 mai 1867.

DATE :
21 mai 1867.

BAIL

A M. LEMOINE-MONTIGNY

DU THÉATRE DU GYMNASE

Pour huit ans, dix mois et vingt-six jours, du 4 juin 1869 au 30 avril 1878.

ENTRE LES SOUSSIGNÉS,

Messieurs,

Antoine-Sigismond GLANDAZ, avocat, chevalier de la Légion d'honneur, demeurant à Paris, boulevard de la Madeleine, n° 9 ;

Pierre-Sophie-Léon DUVAL, avocat, demeurant à Paris, rue Neuve-Saint-Augustin, n° 69 ;

Luc-Alfred LECERF, propriétaire, demeurant à Paris, rue de Greffulhe, n° 6 ;

Marin-Mathieu-Fortuné GESGON, propriétaire, demeurant à Paris, rue de Grenelle-Saint-Germain, n° 38 ;

Charles-Ernest LEVILLAIN, propriétaire, demeurant à Paris, rue du Faubourg-Poissonnière, n° 40 ;

Auguste-Félix-Fernand PETIT, avocat à la Cour de Cassation et au Conseil d'Etat, demeurant à Paris, rue Taitbout, n° 23 ;

Et Charles-Iwan LHUILLIER, propriétaire, demeurant à Paris, rue du Faubourg-Poissonnière, n° 56 ;

Agissant en qualité de Membres de la Commission (dont

M. Glandaz est le Président) de la Société civile des propriétaires du Théâtre du Gymnase Dramatique, nommés spécialement aux fins des présentes par délibération de l'Assemblée générale de cette Société, en date du 3 mai 1867;

Et M. Auguste-Adolphe LEMOINE dit MONTIGNY, propriétaire, chevalier de la Légion d'honneur, demeurant à Paris-Passy, rue de la Tour, n° 75.

IL A ÉTÉ FAIT ET ARRÊTÉ CE QUI SUIT :

MM. Glandaz, Duval, Lecerf, Gesgon, Levillain, Petit et Lhuillier, auxdits noms, font bail pour huit ans, dix mois et vingt-six jours qui commenceront le 4 juin 1869, et qui finiront le 30 avril 1878.

A M. Montigny qui accepte :

DÉSIGNATION

1° Bâtiment.

Des bâtiments composant le Théâtre du Gymnase, sis à Paris, boulevard Bonne-Nouvelle, n° 38, des lieux où s'exploite le café dit Café du Gymnase, et généralement de toutes les circonstances et dépendances dudit Théâtre, moins toutefois la loge d'entresol ou de premier rang, qui porte le n° 34, expressément réservée par les bailleurs.

2° Matériel.

Ensemble, du matériel d'exploitation, du mobilier garnissant les lieux loués, des bibliothèques comprenant les manuscrits, brochures et partitions dépendant dudit Théâtre, et de tous autres objets mobiliers qui sont nécessaires pour son exploitation ;

Ainsi que lesdits immeubles et objets mobiliers s'étendent et comportent, dans l'état où ils sont actuellement, le preneur qui en est déjà locataire étant tenu de les entretenir en bon état.

PRIX.

Le présent bail est fait moyennant un loyer annuel de *cent sept mille quatre cents francs*, au paiement desquels M. Lemoine dit Montigny, preneur, s'oblige ainsi qu'il suit :

Ce loyer sera payable quotidiennement au régisseur de la Société civile du Gymnase, sur le pied de 395 fr. par jour, pendant les mois de janvier, février, mars, avril, novembre et décembre, et de 196 fr. par jour, pendant les mois de mai, juin, juillet, août, septembre et octobre, sauf à diminuer plus ou moins sur les derniers jours de l'année, selon qu'elle se composera de 365 jours ou davantage, le preneur ne devant toujours payer que 107,400 fr. par an, et ce loyer sera, chaque soir, prélevé par privilége sur la recette, complété au besoin par le preneur, et remis audit régisseur, chargé d'en donner quittance.

Dans le cas où il y aurait relâche pendant un ou plusieurs jours, le loyer des jours de relâche sera prélevé sur la première recette à faire, et subsidiairement sur celle des jours suivants.

Avant son entrée en jouissance, M. Lemoine-Montigny versera au régisseur de la Société 17,450 fr. formant avec les 36,250 fr. par lui payés antérieurement, pour six mois de loyer d'avance du bail courant, la somme totale de 53,700 francs, pour un semestre de loyer, imputables sur les six derniers mois de jouissance, sans que, pour ce, l'ordre des paiements des loyers puisse être aucunement interverti ni entravé.

2

CHARGES, CLAUSES ET CONDITIONS

Le présent bail est en outre fait aux charges, clauses et conditions suivantes, que le preneur s'oblige d'exécuter et accomplir ponctuellement, sans diminution des loyers sus-fixés.

1° Obligation de conserver le titre et le genre du Gymnase, de ne point interrompre l'exploitation théâtrale.

Le Théâtre conservera, sans qu'elle puisse être changée, la dénomination de Théâtre du Gymnase Dramatique, qui lui a été donnée par les propriétaires.

La salle et ses dépendances ne pourront être employées qu'au spectacle auquel elles ont été affectées jusqu'à présent et seulement conformément au genre propre au Théâtre du Gymnase.

Toutefois, le preneur aura la faculté de donner des bals et des concerts dans la saison.

Le preneur devra continuer l'exploitation du Théâtre du Gymnase, sans aucune interruption, et seulement dans les lieux loués, sauf les exceptions d'usage, par exemple les relâches ordonnés ou permis par l'Autorité, le tout sous peine de dommages-intérêts.

Mais, en cas d'incendie de la salle présentement louée, ou de grosses réparations rendant son usage impossible ou dangereux, le preneur aura le droit d'exercer son industrie dans une autre salle, pendant le temps nécessaire seulement à la reconstruction ou aux réparations.

2° Location du magasin de décors.

Le preneur devra faire bien entendu son affaire personnelle de la location du magasin de décors et de ses dépendances qu'il occupe actuellement, ainsi que des loyers dudit magasin.

Dans le cas où la durée de cette location excéderait celle du présent bail, la Société se réserve la faculté d'en exiger la cession aux mêmes conditions.

3° Obligation de meubler les lieux loués.

Le preneur devra laisser constamment dans les lieux loués, sauf les exceptions d'usage, tous les objets mobiliers et le matériel compris dans la présente location, et celui résultant de l'accroissement qu'il a pu y donner depuis qu'il est locataire de la Société bailleresse et qu'il y donnera pendant sa jouissance, aux conditions qui seront stipulées plus loin.

4° Règlements de police.

Le preneur se conformera aux règlements de police et autres, ainsi qu'aux décisions administratives sur les théâtres et la voirie ; il fera exécuter, à ses frais, tous les travaux qui seront exigés à cet égard par l'Autorité, sous peine de responsabilité à l'égard des bailleurs.

Toutefois, les travaux de ce genre, qui entraîneront la reconstruction ou la réfection des gros murs et des voûtes, celles des poutres ou de la couverture entière resteront à la charge de la Société, à moins d'avoir été nécessités par le défaut d'entretien de la part du preneur.

5° Réparations, vidange.

Il entretiendra les lieux loués en bon état de réparations quelconques autres que celles dites grosses réparations dans le sens de l'article 606 du code Napoléon, lesquelles resteront à la charge des propriétaires, à moins qu'elles ne soient nécessitées par le défaut d'entretien de la part du preneur.

Il fera revêtir tous les trois ans d'une couche de peinture à l'huile les bois des portes extérieures, croisées, persiennes et volets;

Et rendra les lieux loués, à la fin de sa jouissance, conformément à l'état qui en sera dressé trois mois avant son entrée, entre lui et la Société bailleresse, aux frais du preneur.

Enfin, il fera faire, à ses frais, la vidange des fosses fixes ou mobiles, toutes les fois que cela sera nécessaire, et fera exécuter les travaux que cette opération entraînera, de façon à ce qu'il n'en résulte aucune détérioration pour les lieux loués.

La Société bailleresse aura toujours le droit de s'assurer de l'exécution de la présente clause par la surveillance de son architecte, et de contraindre le preneur à son exécution.

6° Interdiction de démolir et de construire.

Le preneur ne pourra, sous peine de dommages-intérêts, faire, sans le consentement exprès et par écrit de la Commission administrative, aucune démolition ni construction dans les lieux loués.

Quant aux simples modifications de peu d'importance que le preneur jugerait convenable à son intérêt d'apporter dans la distribution intérieure de quelques parties de la salle ou de la scène, il pourra les effectuer, mais à la charge par lui de remettre les lieux dans leur premier état à la fin du bail, si la Société l'exige, ou de les laisser tels qu'ils seront alors, si elle le préfère, et sans indemnité, mais toujours en bon état.

7° Conservation du matériel.

Le preneur devra entretenir, durant sa jouissance, et rendre en bon état, à la fin du bail, le mobilier, le matériel meublant de la salle et de ses dépendances, ainsi que les objets mobiliers formant le matériel nécessaire à son exploitation, les livres, brochures, manuscrits, partitions et œuvres musicales dont il est déjà en possession, le tout décrit en un état estimatif qui en a été fait entre la Société et M. Montigny, aux termes du bail passé devant Me Bournet-Verron et son collègue, notaires à Paris, le 4 juin 1844.

Quant au mobilier de la scène, aux décors et aux costumes, il suffira que le preneur rende, à sa sortie, des objets de même nature et de valeur égale à l'estimation portée en l'état sus-énoncé, sauf appoint en argent, en cas d'insuffisance.

S'il existait, à la fin du bail, des objets mobiliers, du matériel, etc., pour une somme supérieure à l'estimation portée audit état, la société bailleresse aurait le droit de les conserver, au prix de l'estimation qui en serait faite par experts.

8° Contributions.

A compter du jour de son entrée en jouissance, le preneur paiera en sus et sans diminution de son loyer, les impôts et contributions de toute nature qui sont et pourront être dus à raison de la propriété où s'exploite le Théâtre du Gymnase, et des objets présentement loués.

Il acquittera l'impôt foncier et celui des portes et fenêtres, entre les mains du régisseur de la Société par douzièmes, payables d'avance le premier jour de chaque mois.

Les frais de garde de l'immeuble demeureront naturellement à sa charge.

9° Assurances contre l'incendie.

Il paiera également, en sus de son loyer, le vingt octobre de chaque année, soit dix jours avant leur échéance, entre les mains du régisseur de la Société bailleresse, les primes d'assurance contre l'incendie de l'immeuble et des objets mobiliers loués, conformément aux polices d'assurance qui seront contractées par la Société.

Observation faite ici que dans ces polices d'assurance, la valeur des immeubles sera portée à 350,000 francs, celle du mobilier de la Société à 30,000 francs, et le risque du voisinage à 100,000 francs, sauf à augmenter ces chiffres dans le cas où quelque augmentation serait apportée à la valeur de l'immeuble ou du matériel.

Le preneur satisfera en outre aux réserves d'entrées qui seront exigées par les Compagnies.

Enfin, il devra, sous peine de tous dommages-intérêts, faire exécuter toutes les mesures que les polices prescriront pour prévenir les dangers du feu et en arrêter l'effet, en cas d'incendie.

10° Droit de sous-louer.

Le preneur ne pourra céder les droits résultant pour lui des présentes, ni sous-louer en tout ou en partie les objets compris au présent bail, autres que le Café, si ce n'est, toutefois, à une personne solvable dont il restera garant et responsable solidairement pendant deux années du présent bail à partir de l'entrée en jouissance de son cessionnaire et sous condition de verser ou faire verser aux mains des propriétaires : 1° une somme de 53,700 francs pour compléter le paiement d'une année d'avance imputable sur la dernière année de loyer.

2° Une somme de 40,000 francs, à titre de supplément de loyer une fois payé (ou pot-de-vin), qui sera exigible avant la prise de possession du cessionnaire de M. Montigny.

Ces conditions remplies, le preneur sera déchargé de toutes ses obligations envers la Société bailleresse pour raison de la jouissance de son successeur.

A l'égard du Café, il ne pourra jamais être loué à une autre industrie.

11° Interdiction de mettre l'exploitation théâtrale en société.

Le preneur ne pourra mettre en société commerciale par actions, les droits que lui donne le présent bail, ni son exploitation théâtrale qu'à la condition de rester lui-même gérant de cette Société.

12° Interruption forcée des représentations.

L'incendie partiel du théâtre ou tout autre événement grave et de force majeure suspendant temporairement les représentations théâtrales, n'entraînera pas la résiliation du présent bail ; mais si M. Lemoine-Montigny n'est pas reconnu responsable de l'événement survenu, et si l'interruption des représentations dure plus de cinq jours, le preneur sera affranchi du paiement de ses loyers pendant cette interruption ; les droits des bailleurs recommenceront à courir le jour où les représentations théâtrales seront redevenues possibles.

Quant aux grosses réparations qui deviendraient nécessaires, sans avoir été occasionnées par le défaut d'entretien de la part du preneur, leur exécution ne donnera lieu à une suspension temporaire de loyers qu'autant qu'elles empêcheraient les représentations théâtrales pendant plus de quinze jours, par dérogation à l'article 1724 du code Napoléon.

13° Cas d'incendie. — Reconstruction.

En cas d'incendie complet des bâtiments présentement loués, dans le cours du présent bail, la Société bailleresse fera connaître au preneur, dans un délai de deux mois à partir du jour de l'événement, si elle entend procéder à leur reconstruction et au remplacement du mobilier, auquel cas tous les travaux devront être entièrement terminés dans les huit mois qui suivront le sinistre.

Si la Société refuse de faire cette reconstruction, le preneur, dans la huitaine qui suivra la notification de la détermination de la Société, pourra déclarer qu'il entend lui-même faire procéder à la reconstruction du théâtre, et il devra la terminer dans les huit mois à partir du sinistre.

Dans tous les cas, la construction sera autant que possible disposée et distribuée comme celle actuelle et elle se fera sous la direction et sur les plans des architectes de la Société, préalablement soumis à l'Assemblée générale; les honoraires de ces architectes seront à la charge de celle des parties qui aura décidé de faire les travaux.

Si c'est le preneur qui fait exécuter ces travaux, la Société devra consacrer les indemnités que lui paieront les Compagnies d'assurances à désintéresser, après ce paiement fait, les entrepreneurs employés à la reconstruction, chacun au prorata de ce qui lui sera dû, et dans les termes qui seront indiqués par les architectes de la Société.

Moyennant cet emploi de ladite indemnité, quelle qu'elle soit, le preneur ne pourra demander aucune subvention supplémentaire à la Société, ni laisser imparfaits les travaux commencés.

A la fin du bail, les constructions ainsi faites, le matériel et le mobilier fournis en remplacement de ceux incendiés demeureront la propriété de la Société, sans qu'elle ait rien à payer au preneur.

A moins que le preneur n'ait été reconnu responsable de l'incendie, son loyer sera suspendu jusqu'au jour où les représentations seront redevenues possibles, pour recommencer à courir alors, et cela, quand même la reconstruction aurait lieu avant le temps prescrit.

Mais si le délai de huit mois est dépassé par le fait du preneur ou de ses ouvriers, ledit loyer repartira du jour de l'expiration de ce délai de huit mois.

Dans le cas où, ni le preneur, ni la Société ne reconstruiraient le théâtre, le présent bail demeurera résilié de plein droit à partir du jour du sinistre, et M. Montigny pourra alors exercer partout ailleurs son industrie théâtrale.

14° Entrées, Loges Scribe et Cerfberr, Pillaut-Débit, Trou.

Le preneur souffrira sans diminution de son loyer l'exercice par les membres de la Société ou leurs cessionnaires des droits d'entrées que l'acte constitutif de cette Société parfaitement connu de lui attache à la qualité de propriétaire d'un nombre déterminé de portions sociales, et les droits d'entrée à vie non éteints dont il s'est chargé en 1844.

Il souffrira la jouissance viagère par les ayant droit dans les termes de la jouissance actuelle aussi parfaitement connue de lui des loges portant les nos 24, 30, 49 et 54, sans pouvoir les déplacer ni les diminuer par des modifications à la salle.

Si le droit viager attaché à ces loges vient à s'éteindre, le preneur profitera seul de cette extinction.

Enfin, le preneur mettra à la disposition de l'Administration les entrées ou loges que celle-ci a l'habitude d'exiger ou exigerait par la suite.

A l'égard de la loge d'entresol n° 34, il est expressément convenu que MM. les membres de la Société des propriétaires du Gymnase auront le droit d'en jouir à tour de rôle par eux-mêmes, leur famille, ou leurs amis, tous les jours de représentations théâtrales, bals ou concerts sans exception ; mais ils ne pourront, dans aucun cas, vendre ou céder cette loge à prix d'argent, si ce n'est au preneur et sauf à s'entendre avec lui.

15° Entrée du Régisseur, droit de visite.

Le régisseur de la Société bailleresse aura son entrée personnelle à toutes représentations scéniques, bals et concerts, et le droit de visiter l'immeuble et ses dépendances, de vérifier l'état du mobilier, du matériel et des autres objets compris dans la location, en se faisant assister, s'il le juge convenable, de l'architecte de la Société.

Ce droit de visite pourra être également exercé par MM. les membres de la Commission administrative de la Société, mais en dehors des heures de représentation et de répétition.

16° Résiliation.

A défaut de paiement exact du loyer fixé au commencement des présentes, ou en cas d'inexécution d'une des clauses du présent bail, la résiliation du bail sera encourue de plein droit un mois après un commandement resté infructueux, sans qu'il soit besoin de la faire prononcer en justice, ni qu'il puisse être judiciairement accordé aucun délai au preneur.

Ce dernier devra, dans ce cas, vider immédiatement les lieux ; s'il s'y refuse, il y sera valablement contraint sur simple ordonnance de référé, et les loyers payés d'avance, ainsi que le pot-de-vin qui aurait pu être versé aux bailleurs, leur demeureront définitivement acquis, à titre de dommages-intérêts.

17° Dispositions finales.

Toutes les clauses qui précèdent sont de rigueur ; aucune d'elles ne pourra être réputée comminatoire.

Les frais et honoraires du présent bail qui devra être enregistré, seront supportés par le preneur pour moitié, et par la Société pour l'autre moitié.

Pour l'exécution des présentes, domicile est élu par la Société chez son régisseur ; en cas de changement de régisseur ou de domicile, notification devra en être faite au preneur.

Les différentes charges énumérées au cours du bail qui précède sont évaluées à *douze mille francs* par an pour la perception du droit d'enregistrement (impôt compris).

Il demeure bien entendu que les baux antérieurs cessant d'avoir cours au quatre juin mil huit cent soixante-neuf, n'auront plus aucune valeur entre les parties à compter de cette époque.

Fait double à Paris, le 21 mai 1867. Suivent les signatures.

Au bas est écrit : « Enregistré à Paris, 13e bureau, le quatre juin mil huit cent soixante-sept, f° 21, v° case 6 ; reçu deux mille cent vingt-six francs soixante-quatre centimes, décime deux cent douze francs soixante-sept centimes (Signé GOULET). »

RAPPORT

A L'ASSEMBLÉE GÉNÉRALE DU 3 MAI 1867

SOCIÉTÉ CIVILE

DES PROPRIÉTAIRES

DU THÉATRE DU GYMNASE

RAPPORT

A l'Assemblée générale du 3 mai 1867

DE LA COMMISSION SPÉCIALE

CHARGÉE DU RENOUVELLEMENT DU BAIL DU GYMNASE

Avec M. LEMOINE-MONTIGNY

NOTA. — Cette commission était composée de MM. GLANDAZ, LECERF, LEVIELAIN, GESGON LHUILLIER et PETIT.

Messieurs,

Nous avons le regret de ne pouvoir vous annoncer que nous sommes complétement d'accord avec M. Montigny sur les conditions d'un nouveau bail (1). Nous avons cependant l'espoir que si vous approuvez les propositions que nous allons avoir l'honneur de vous soumettre, votre Commission parviendra à traiter avec M. Montigny sur des bases qui donneront, dans une mesure convenable, satisfaction à vos intérêts légitimes.

Ceux d'entre vous, Messieurs, qui ont refusé leur assentiment au projet de bail qui vous a été présenté à l'Assemblée du 15 janvier dernier, ont agi sous cette impression que vous ne profitiez pas, dans une proportion suffisante, des bénéfices de l'extinction de la presque totalité des charges viagères qui avaient pesé sur votre propriété et qui constituaient, pour le locataire, une partie du prix du loyer du théâtre. Vous vous rappeliez que, dans le rapport du 15 juillet 1858, on vous avait annoncé que, sous l'empire du second bail, votre revenu pouvait, après l'extinction de toutes les charges viagères, s'élever à 1,750 francs par sixain, tandis que la dernière proposition limitait votre revenu à 1,672 fr. 40 c.

(1) La réalisation des conventions qui précèdent établit suffisamment que depuis la réunion de l'Assemblée générale du trois mai mil huit cent soixante-sept, la Commission est tombée d'accord avec M. Montigny.

Vous vous rappeliez qu'à cette époque le privilége était indépendant de la propriété de la salle et que votre Commission avait dû accepter, pour le bail qu'il s'agit de renouveler aujourd'hui, des conditions moins avantageuses que celles auxquelles elle aurait tenu, si elle avait eu une entière liberté d'action.

Vous saviez enfin que les recettes du Gymnase avaient constamment progressé et vous compreniez que l'augmentation n'était pas due tout entière à l'habile direction de M. Montigny, mais que l'ensemble des circonstances générales, qui a accru dans de si fortes proportions la valeur de toutes choses à Paris, avait donné au Gymnase, tant sous le rapport de la valeur foncière, que sous celui de la valeur industrielle, une plus-value qui devait se traduire pour vous en une augmentation de revenus.

Les recettes brutes du Gymnase, qui avaient été dans les cinq années qui ont précédé la direction de M. Montigny de 500,000 francs en moyenne, se sont élevées, pendant les quinze années de son premier bail, malgré les années désastreuses de 1848, 1849 et 1850, à plus de 582,000 francs en moyenne, et enfin les sept années écoulées sur le bail actuel présentent une moyenne de 730,000 francs.

Les charges du premier bail ont été, au dire de M. Montigny, de 147,000 francs pendant la vie de M. de la Rozerie; elles étaient encore, en 1858, de 131,000 francs. A cette époque, M. Montigny vous a proposé, ainsi que nous vous le rappelions tout à l'heure, des conditions qui lui auraient imposé un maximum de 105,000 francs de loyer, ce qui aurait pu porter à 1,750 francs le revenu de chaque sixain. On ne saurait dire qu'il soit survenu, depuis 1858, aucune circonstance défavorable qui justifie une diminution dans le prix du loyer du Gymnase.

Votre Commission a fait un travail étendu pour se rendre compte des conditions financières de l'entreprise du Gymnase pendant les diverses phases de la direction actuelle et pour s'éclairer sur le taux auquel il lui paraîtrait juste de fixer le loyer du théâtre. Elle considère en effet que ce loyer ne doit pas être déterminé seulement par la valeur de l'immeuble, mais qu'il doit être tenu compte aussi de la destination, et que le loyer doit être proportionné, dans une certaine mesure, à la nature de l'industrie spéciale pour l'exercice de laquelle l'établissement a été créé et aux profits que la destination met le locataire à même de réaliser.

Votre Commission a reconnu que la somme de 100,000 francs, comprenant les 3,000 francs de régie, était inacceptable, et après avoir mûrement examiné la question, elle est arrivée à cette conviction que le prix du loyer du Gymnase, dégagé de toutes les charges dont il avait été grevé, devait être fixé actuellement à la somme de 116,000 francs, faisant, avec les frais de régie, un total de 119,000 francs.

Ce point arrêté, votre Commission a examiné les conditions accessoires qui avaient donné lieu à des observations.

Elle a pensé que le bail ne devait pas excéder une durée de neuf années;

Qu'en cas de cession, la Société devrait toucher un pot-de-vin (c'est l'expression consacrée).

Et que, le principe de la cession étant admis, à la condition que le nouveau locataire paierait à la Société une année de loyer d'avance, il n'était pas possible de demander à M. Montigny d'étendre sa garantie au delà des deux années qu'il avait offertes.

Dans ces données, la Société renonçait au bénéfice de l'extinction des loges qui forment aujourd'hui la dernière charge que l'on doive considérer comme faisant partie du prix du loyer.

Le travail dont nous avons parlé tout à l'heure, bien qu'il ne fût qu'une étude pour la Commission, a été communiqué à M. Montigny qui y a répondu avec beaucoup de vivacité par une note dans laquelle il s'est attaché surtout à démontrer que la progression des frais d'exploitation avait suivi la progression des recettes, et il concluait en offrant une simple augmentation de 3,000 francs qui aurait porté le loyer, régie comprise, à la somme de 103,000 fr.

Votre Commission n'ignorait point qu'il y a dans les frais d'exploitation d'un théâtre certaines dépenses importantes qui sont proportionnelles à la recette, et elle présumait bien que les autres dépenses avaient dû, comme toutes choses, augmenter depuis 1844, mais ni la question d'exploitation, ni la question du plus ou moins de bénéfice que M. Montigny a réalisé ne devait servir de base aux appréciations de la Commission. Ce qui demeure acquis pour elle, c'est que votre propriété, par sa destination propre et par le fait d'un ensemble de causes indépendantes du mérite de la direction, doit donner actuellement une moyenne de produits supérieure à celle qu'il aurait été possible d'obtenir dans les conditions de Paris en 1844.

La note de M. Montigny n'a point modifié les conclusions de votre Commission, elle a persisté à trouver qu'il était juste de demander non pas un prix égal au loyer que représentait l'ensemble des charges fixes et viagères du premier bail, mais un prix qui, sans atteindre le total des charges fixes et viagères du deuxième bail, fût supérieur à celui que vous aviez accepté en 1858, sous l'empire d'une pression que vous connaissez tous.

Le prix de 119,000 fr. est resté pour elle le véritable chiffre du loyer du Gymnase ; néanmoins, tout en rejetant, sans hésiter, l'offre d'une augmentation de 3,000 fr. ; mais considérant que deux loges sont encore engagées viagèrement, la majorité de votre Commission n'a pas cru devoir persister dans ce chiffre de 119,000 fr. Elle a demandé l'équivalent de 1,800 fr. par sixain, soit 104,400 fr. et avec la régie 107,400 fr., un pot-de-vin de 40,000 fr. en cas de cession, et la jouissance, pour toutes les représentations, d'une loge d'entresol, dont chaque actionnaire aurait la disposition à tour de rôle, et dans la proportion de son intérêt dans la Société.

A cette nouvelle combinaison, M. Montigny a répondu qu'il accepterait le prix de 107,400 fr. plus la jouissance d'une loge de face au deuxième rang *non vendable*, mais à cette condition que, toutes les fois que la recette d'une année ne s'élèverait pas au-dessus de 500,000 fr., le loyer fixe serait remplacé par un droit de quinze pour cent sur la recette, c'est-à-dire que vous n'auriez touché que 75,000 fr. si la recette n'avait pas excédé 500,000 fr. et 45,000 fr. par exemple, lorsque la recette ne se serait élevée qu'à 300,000 fr.

Votre Commission a pensé que cette clause n'était pas de nature à être discutée ; elle a simplement maintenu sa proposition réduite. M. Montigny, de son côté, n'a voulu faire aucune offre nouvelle.

Telle est en ce moment, Messieurs, la situation des choses.

Votre Commission ne pense pas cependant qu'il soit impossible de s'entendre avec M. Montigny sur les bases qu'elle vient de vous faire connaître. Dans les divers pourparlers, M. Montigny a paru très-préoccupé de cette idée que chaque pas qu'il faisait en avant servait de base à une prétention nouvelle, et la crainte que l'Assemblée générale (sans laquelle la Société ne peut être définitivement engagée) n'exige plus que la Commission, paraît être l'obstacle qui suspend l'adhésion de M. Montigny.

A la veille d'une saison pendant laquelle il sera difficile de réunir le nombre d'actionnaires nécessaire pour composer une Assemblée régulière, votre Commission a pensé qu'il convenait de prendre des dispositions qui permissent de sortir d'une situation qui ne pourrait se prolonger indéfiniment sans préjudice pour vos intérêts. Elle vient de vous exposer sommairement ce qu'elle a fait, l'état de la négociation, et elle vous dit, sans finesse, qu'elle a l'intime conviction que, si vous lui donnez le pouvoir de traiter définitivement, sans nouveau recours à une Assemblée, elle ne tardera pas à conclure avec M. Montigny le bail dont elle vous a indiqué les bases, bases qu'elle vous propose de fixer irrévocablement par votre délibération.

Cependant, prévoyant le cas où elle se serait trompée dans ses appréciations et où, à son grand regret, elle n'arriverait à aucune solution avec M. Montigny, votre Commission croit utile que vous l'autorisiez à traiter, au besoin, avec un autre locataire.

Comme vous, Messieurs, la Commission a le désir sincère de conserver M. Montigny pour locataire, mais elle ne saurait pourtant vous conseiller, pour réaliser ce désir, de porter au delà de certaines limites le sacrifice de vos intérêts. Nous vous le répétons, le chiffre de 119,000 fr., sauf diminution de la valeur des loges dont le locataire n'aurait pas la disposition, est, dans la conviction bien arrêtée de votre Commission, celui que vous auriez dû obtenir, dès à présent, du locataire du théâtre du Gymnase. Si nous vous engageons à vous contenter d'un chiffre moindre, c'est uniquement parce que nous comptons que le locataire sera M. Montigny, et parce que nous croyons entrer dans vos vues en vous proposant en faveur de M. Montigny des conditions plus douces que celles que vous seriez fondés à obtenir de tout autre directeur qui n'aurait pas les mêmes droits que M. Montigny à votre estime et à vos sympathies.

Voici, Messieurs, le texte de la résolution que nous vous proposons de voter :

L'Assemblée autorise la Commission administrative de la Société civile des propriétaires du théâtre du Gymnase dramatique, représentée par MM. Lecerf, Levillain et Gesgon,

Auxquels elle adjoint, pour cet objet spécial, MM. Glandaz, Léon Duval, Petit et Lhuillier, à donner à bail à M. Montigny, ou à toute autre personne qui sera agréée par ladite Commission, le théâtre du Gymnase, ses dépendances et accessoires, aux conditions principales qui suivent :

La durée du bail sera de *huit ans*, dix mois et vingt-six jours, qui commenceront à courir le 4 juin 1869, pour finir le 30 avril 1878.

Le prix du loyer annuel sera de 104,400 francs, payable par jour, dans la forme et dans les proportions du bail actuellement en cours : le locataire sera tenu de payer six mois de loyer d'avance.

Le preneur paiera en outre une somme annuelle de 3,000 francs pour les frais de régie.

Les propriétaires se réserveront la jouissance exclusive, pour toutes les représentations théâtrales ordinaires ou extraordinaires, bals ou concerts, d'une loge d'entresol de face, laquelle ne pourra être vendue sans l'assentiment du locataire. Dans le cas où le bail serait fait avec M. Montigny, celui-ci aura la faculté de céder ses droits au bail, mais à la condition que, préalablement à l'entrée en jouissance de son cessionnaire, il aura été compté à la Société : 1° une somme de 40,000 fr. à titre de pot-de-vin ;

2° Le complément d'une année de loyer d'avance ;

M. Montigny restera garant envers la Société de deux années de loyer.

Sur ces bases et en maintenant toutes les clauses et conditions du bail actuel qui ne seront pas contraires aux dispositions qui précèdent, et sauf les modifications de détail dont l'expérience aura fait reconnaître la nécessité, ou qu'il pourra y avoir lieu d'introduire, soit dans les clauses, soit dans la rédaction, dans l'intérêt des bailleurs ; la Commission est autorisée à passer un bail, sans qu'il soit nécessaire de recourir de nouveau à un vote de l'Assemblée générale des actionnaires.

Délibéré, à Paris, le 3 mai 1867.

NOTA. — Ces conclusions ont été adoptées par l'Assemblée générale et réalisées par la signature du bail, le 21 ma 1867.

DE L'IMPRIMERIE L. TOINON ET Ce, À SAINT-GERMAIN.

www.ingramcontent.com/pod-product-compliance
Ingram Content Group UK Ltd.
Pitfield, Milton Keynes, MK11 3LW, UK
UKHW021153230726
13926UKWH00001B/78